II 48 2474.

DES INDÉPENDANS,

DES LIBERAUX

ET

DES CONSTITUTIONNELS.

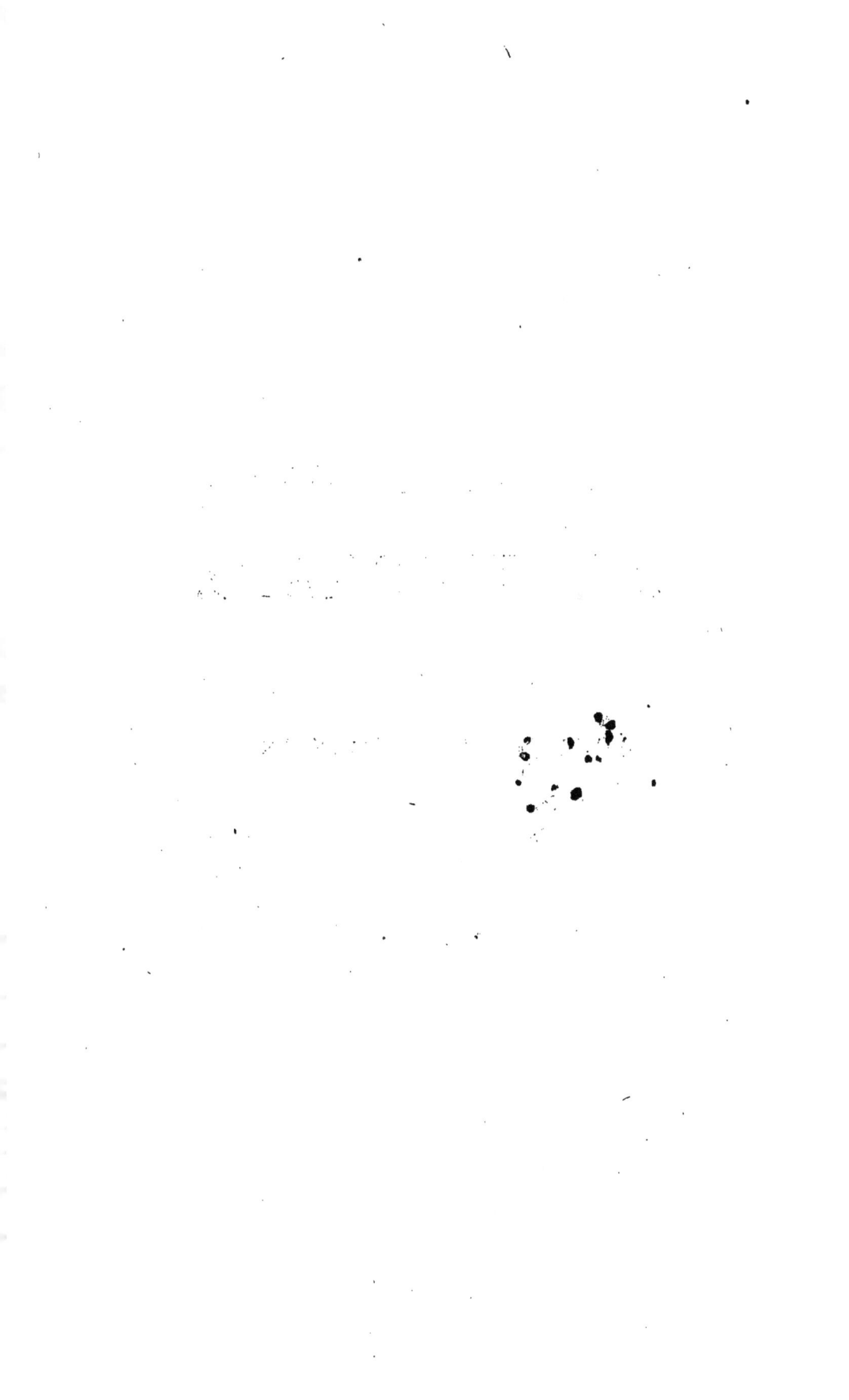

DES INDÉPENDANS,

DES LIBERAUX

ET

DES CONSTITUTIONNELS,

OUVRAGE ADRESSÉ AUX ÉLECTEURS FRANÇAIS,

Par GAUTIER,

(du var),

EX-MEMBRE DU CONSEIL DES CINQ CENTS.

PARIS,

CHEZ PONTHIEU, LIBRAIRE, PALAIS-ROYAL,

GALERIE DE BOIS,

Et chez les Marchands de Nouveautés.

1823.

INTRODUCTION.

CET opuscule était prêt à être mis sous presse, lorsqu'on a parlé du renouvellement intégral de la Chambre et de la grande question de la septennalité. L'Auteur ne croyait s'adresser qu'à une partie des Électeurs français. Ce qu'il leur disait n'acquiert que plus de force, dès qu'il s'agit d'éclairer tous les Électeurs du royaume. Aussi n'a-t-il cru devoir apporter à son travail aucun changement.

Les questions du renouvellement

*

intégral et de la septennalité ont été traitées par des écrivains si distingués, que l'Auteur de cet ouvrage ne croit devoir rien ajouter aux argumens irrésistibles par lesquels ils prouvent la bonté de cette mesure et l'avantage qu'en retirera la Monarchie constitutionnelle.

Que dire, en effet, après l'écrit remarquable intitulé *du Renouvellement intégral*, où l'auteur, sous le voile de l'anonyme, se nomme lui-même à chaque page, par la force de cette logique qui porte la conviction dans les esprits, et par la hardiesse de ces pensées qui n'appartiennent qu'au créateur du *Conservateur?* Ce qu'un Ministre n'a pu dire par sa position, je le dirai aux Électeurs de la France auxquels je m'adresse.

Électeurs français! le renouvellement intégral, s'il a lieu, vous prouvera la confiance que le Gouvernement a mise en vous. Les Ministres n'avaient pas besoin de cette mesure pour se maintenir; ils ont dans les deux Chambres une majorité imposante, dans les rangs de laquelle ils ont été pris; et, forts de leur conscience, ils peuvent dire que s'ils l'ont conseillée au Monarque, c'est qu'ils l'ont crue dans l'intérêt général, en s'oubliant eux-mêmes. Voilà en quoi cette mesure, comparée avec l'Ordonnance du 5 septembre, diffère essentiellement avec elle, en ce que la Chambre élective de cette époque était en opposition avec le Ministère, et que celle d'aujourd'hui a embrassé avec ardeur tous les grands projets d'administration qui lui ont été soumis par le Gouvernement, et lui a fourni les moyens de terminer avec gloire la guerre d'Espagne. Les résultats de cette belle campagne, en consolidant le repos de l'Europe, ont rempli les vœux de tous les bons Français. La Chambre élective qui va être convoquée est appelée à juger de la conduite du Ministère; à examiner la direction qu'il a donnée à une guerre qui fera l'éternel honneur de nos armes. C'est à vous tous, Électeurs français, qu'il en appelle de ses actes. Il se confie à votre foi; et c'est du choix que vous allez faire qu'il attend la confirmation ou le désaveu de ses travaux. Vous répondrez à sa confiance, et complèterez par vos suffrages le grand œuvre de notre Régénération politique, commencé par la sagesse royale et la valeur de nos soldats.

Les écrivains de l'opposition viennent de faire un appel aux Électeurs leurs amis; ils leur recommandent de ne pas se désunir, et qu'ils sont certains du succès. Ils prétendent que les écrivains royalistes veulent la contre-révolution; ils leur reprochent d'appeler *jacobins* ceux qui ne sont pas de leur opinion. J'ai appuyé dans cet ouvrage mes raisonnemens de faits

incontestables, qui prouveront ce que
veulent les révolutionnaires : à une
époque, partisans de l'anarchie, et plus
tard du despotisme; mais toujours ennemis de la vraie liberté, celle dont
nous jouissons, et qui est soutenue
par les écrits de tous les amis de leur
pays : par ceux des Royalistes. Ils es-
pèrent que la mesure du renouvellement intégral désunira les Électeurs,
amis du trône et des institutions qui
en dérivent. Il n'en sera point ainsi :
on peut établir des débats sur les
chances du renouvellement intégral ;
mais une fois cette mesure adoptée
par le Gouvernement, les amis de la
Monarchie la soutiendront avec le
même courage qu'ils ont montré pour

la défense du principe de la légitimité.

Un digne Fils de France, Monseigneur le duc d'Angoulême, est rendu
à l'amour de son pays; il est auprès
de son Roi. Il a accompli son ouvrage
en terrassant l'hydre des révolutions.
Électeurs français, vous accomplirez
le vôtre en envoyant à la Chambre des
Députés fidèles à leur mandat, également attachés aux trône et aux libertés publiques.

DES INDEPENDANS,

DES LIBERAUX

ET

DES CONSTITUTIONNELS.

~~~~~~~~~~~~~~~~~~~

Depuis la Restauration, le parti ennemi de la légitimité, ou révolutionnaire, a pris en France trois dénominations particulières. Il paraît aujourd'hui sous celle de *constitutionnel* ou des *amis de la constitution*. Ce dernier titre qu'il se donne, n'est pas le moins dangereux pour séduire les hommes véritablement amis de la Charte. Je vais chercher à prouver que sous les trois dénominations, ce parti a été et est encore l'ennemi prononcé du trône légitime, de notre pacte social, qui en est une émanation, du peuple et de ses libertés,

Je fais paraître cet opuscule à l'approche des élections, pour éclairer les électeurs sur

1

les choix qu'ils doivent faire. Déjà, à diverses époques, je leur ai fait entendre ma voix ; j'ai parlé en véritable ami du trône et de nos institutions; j'ai dévoilé avec courage les machinations de la faction que je veux faire connaître. Je continuerai à employer cette franche loyauté qui a caractérisé tous mes écrits, et qui m'a valu quelques approbations.

Lors des dernières élections, je démontrai dans le *Coup d'œil sur la véritable position des partis en France*, que les hommes que je désirais faire éloigner des élections, tout en se disant les amis du peuple, étaient ses ennemis les plus acharnés. Ma tâche est devenue plus facile, parce que la guerre d'Espagne a démontré aux moins clairvoyans que ces hommes, aujourd'hui ennemis de toute légitimité (1), sont anti-

------

(1) Si je dis *aujourd'hui*, c'est qu'avant la Restauration, la grande majorité d'entre eux admettait le principe de la légitimité dans la famille de l'usurpateur.

Français et anti-loyaux. C'est sous ce double point de vue que je les ferai envisager ; mais avant je commencerai à dépeindre la faction révolutionnaire sous les diverses dénominations qu'elle a prises.

~~~~~~

TITRE PREMIER.

Des Indépendans.

L'homme, ami de son pays, dut être étonné au moment de la Restauration, époque où il ne devait plus y avoir en France que des royalistes, de voir se former un parti dont les membres prirent audacieusement le nom d'*indépendans*. Cette nouvelle dénomination rappela la guerre de l'indépendance, et la secte du même nom, qui, cinquante ans avant, avait secoué la domination de l'Angleterre et fondé une colonie en Amérique, connue aujourd'hui sous le nom d'*Etats-Unis*. Au moins ceux-ci avaient porté dans le Nouveau-Monde le siége de leur empire, tandis que les nôtres voulaient l'établir dans leur propre patrie.

Le peuple français avait vu en 1814, avec une joie difficile à dépeindre, le retour des Bourbons, et par suite son affranchissement de la domination honteuse sous laquelle l'avait courbé Bonaparte. Les serviles adulateurs de ce belliqueux despote, ceux qui baissaient le plus complaisamment la tête sous le joug qu'il leur avait imposé, furent les premiers à arborer l'étendard de l'indépendance. Leur héros était encore à l'île d'Elbe. Ils concevaient l'idée de son prochain retour ; mais ils n'osaient, même sous sa livrée, se dire *bonapartistes ;* parce que le peuple était trop prononcé contre leur chef, qui ne dût son salut, en traversant l'empire français, qu'à la magnanimité de Louis XVIII et des Souverains, ses alliés (1).

_____

(1) On doit se rappeler que depuis Lyon jusqu'à Aix, les jours de Bonaparte furent souvent en

Ce fut donc derrière l'étendard de l'indépendance que se cacha le drapeau des révolutionnaires bonapartistes. A ceux-ci se réunirent quelques hommes poursuivis par le
remords des forfaits qu'ils avaient commis
depuis 1789 jusqu'au moment de l'usurpa-
tion de Bonaparte, et qui ne pouvaient
croire, ni à l'oubli ni à l'impunité de leurs
crimes. Ce fut de ces deux élémens que se forma le premier noyau de la faction des indépendans. Bonaparte en était l'âme, et de son
île d'Elbe, il en dirigeait tous les mouve-
mens. Ses émissaires parcouraient la France
en tout sens, et trompaient le peuple par
les mensonges les plus grossiers et les promesses les plus fallacieuses. A leur tête était
cette minorité de 1814, qui, du haut de la
tribune, tout en affectant de soutenir les
libertés publiques, cherchait à interpréter
méchamment les actes les plus conformes à
l'esprit de la Charte. Le gouvernement du

---

danger, et qu'il n'échappa que miraculeusement à
la fureur populaire.

Roi proposait-il une loi dont la présentation était ordonnée par ce pacte, ses ennemis s'attachaient à persuader qu'il voulait anéantir la concession du trône, et déversaient à pleines mains le mépris sur chacune de ses propositions. Dans un département du midi, un vieillard octogénaire, ancien seigneur de sa paroisse, avait imaginé que le trône ayant recrouvré ses anciennes prérogatives, il avait lui-même recouvré les siennes : il voulut exiger que le pain béni lui fut présenté en premier. Cet homme vénérable à tant d'autres titres, n'avait certainement pas lu la Charte ; il était digne de quelque intérêt dans son esprit de folie, et on devait charitablement le rappeler au véritable état des choses. Son action, blâmable sans doute, méritait-elle d'être présentée à la tribune comme un acte contre-révolutionnaire ? et sa faute devait-elle rejaillir sur la classe respectable des autres cidevant seigneurs de paroisse ? classe qui (pour me servir de la belle expression de M. de Castel-Bajac) n'a *retrouvé de sa famille que des tombeaux,*

de sa fortune que des débris ; et dont pas
une seule demande en réhabilitation ne s'est
fait entendre dans aucun ministère : classe
qui, avec les sacrifices énormes faits à la
cause royale, a su y joindre celui de ses sou-
venirs et de son ancien état; classe à laquelle
tout est facile quand il faut assurer le repos
public. Mais les indépendans voulaient exciter le peuple ; et il fallait lui persuader
que les émigrés voulaient le rétablissement
des droits seigneuriaux, la restitution de
leurs biens; que le clergé, d'un autre côté,
voulait le rétablissement de la dîme. L'action de ce vieillard fut présentée comme la
preuve irréfragable d'une partie de ces insinuations mensongères. Quant aux préten-
tions supposées de l'Eglise, pour les établir,
on fit parler le confessionnal ; et ce fut au
tribunal de la pénitence qu'on accusa les
prêtres de provoquer les anciennes redevan-
ces de la dîme. Que quelques ecclésiastiques
eûssent pu oublier leur devoirs à ce point,
(ce qui ne fut jamais prouvé), était-ce à la
tribune que des faits isolés de cette nature

devaient être fournis en preuve des préten-
tions de l'Eglise au recouvrement de ses anciens droits ? C'est pourtant ce qu'on a vu
en 1814 (1); et le 20 mars a servi de com-
plément à toutes ces machinations inferna-
les : c'est cette journée qui a fait connaître
les horribles intentions de ces fauteurs du
despotisme et de l'anarchie, et les moyens
odieux par eux employés pour exciter le
peuple à la révolte.

C'était avec des assertions aussi fausses
qu'on cherchait à égarer l'esprit du soldat
et celui des officiers. Quoique l'armée fut
commandée par tous ceux de ses anciens
généraux, qui paraissaient avoir franchement
reconnu les Bourbons ; malgré l'accueil flat-
teur que le Roi et les princes avaient fait à

_____

(1) Qu'on ouvre _le Moniteur_, et qu'on y lise les
discours de certains députés de cette époque, on y
trouvera la preuve de ce que j'avance. On s'étayait
même, pour émettre de semblables mensonges, de
quelques pétitions dont les signataires n'étaient que
des êtres supposés.

tous les maréchaux, on ne cessait de répéter aux officiers et aux soldats que leurs anciens services seraient méconnus. La Charte avait parlé d'une manière non équivoque à cet égard; mais les engagemens et les promesses les plus solennels n'étaient présentés par les indépendans que comme des jongleries politiques, à l'aide desquelles on voulait tromper le peuple et l'armée.

La faction employa les mêmes moyens pour pervertir les administrations ; et malgré le peu de changemens qui y avaient été faits, on présenta aux employés leur position comme précaire, et on leur fit craindre la perte de leurs places. C'est avec une telle défiance répandue dans tous les rangs de la société, qu'on applanit à Bonaparte la route de l'île d'Elbe à Paris, et qu'il vint de nouveau s'asseoir sur un trône avili par sa présence, au grand scandale de l'Europe , et en frappant de stupeur la masse éclairée de la nation.

Ce fut ce retour funeste qui fit connaître les hommes composant la minorité des deux

chambres. C'est parmi eux que l'usurpateur
choisit en partie ses conseils, et ce furent ses
anciens ministres qui reprirent leur place.
Quelques cidevant membres du comité de
salut public, qui s'étaient réunis au parti des
indépendans, firent aussi partie de son conseil d'état, ainsi que des écrivains qui jusqu'alors lui avaient été opposés (1). Tels furent les garans mutuels que se donnèrent le
despotisme et l'anarchie. Les événemens des
cent jours ont montré les hommes dans toute
leur nudité, et la faction des indépendans
dans toute sa turpitude.

TITRE II.

Des soi-disant Libéraux.

Les suites déplorables des événemens des
cent-jours réduisirent momentanément la

(1) De ce nombre furent Carnot et Benjamin-
Constant. Le premier avait publié un ouvrage qui

faction révolutionnaire ou bonapartiste, à un état d'effroi dont on crut qu'elle ne se releverait plus; et je crois qu'il eût été possible, à cette époque, de l'anéantir ; mais un grand obstacle se présenta : ce fut celui des subsides exigés par les puissances, qui, pour la seconde fois, avaient comblé les vœux de la France, en contribuant à rétablir les Bourbons sur le trône. Un peu plus de désintéressement de leur part aurait mieux servi la cause des Souverains. La nation française, étourdie par ce coup, ne fut pourtant pas abattue; et les révolutionnaires en profitèrent pour offrir leurs services : *Qu'on nous donne des armes , dirent-ils , et nous éloignerons de notre territoire ceux qui ne veulent profiter de leur triomphe que pour dépouiller la patrie.* Cette demande fut un coup de maître des chefs de la faction; elle mit le Roi et son gouvernement dans une position difficile à décrire; il falloit punir,

---

avait servi de puissant auxiliaire à la faction indépendante.

et il se vit presque forcé à l'indulgence. Elle était peut-être commandée par les circonstances; mais elle n'en fut pas moins dangereuse, en ce qu'elle donna une nouvelle force à la faction ennemie de tout pouvoir, jusqu'à ce qu'elle s'en soit emparé. Elle conçut même l'espoir d'y arriver alors, et son raisonnement n'était pas sans motifs : *L'argent,* se disait-elle, *est entre nos mains et dans celles des capitalistes : on aura besoin de nous et d'eux ; il faut les mettre de notre côté et nous ferons la loi.*

Un événement auquel ne s'attendait pas la faction révolutionnaire, fit que le gouvernement n'eut pas besoin des capitalistes français; ceux de l'étranger nous offrirent les ressources que nous n'aurions dû trouver que chez les nôtres. Ceux-ci qui s'étaient d'abord refusés aux propositions du ministère, pour avoir à des conditions plus avantageuses, l'emprunt qu'il était forcé de faire, ne s'en virent pas plutôt frustrés, qu'ils jetèrent les hauts cris, et se mirent dans les rangs ennemis du pouvoir, sans peut-être calculer à quels dangers ils exposaient la France et le trône.

Ainsi, le noyau qui forma, à cette époque, la faction ennemie du trône, fut augmenté d'une partie des plus riches capitalistes de la France. Cette faction prit le nom de *parti libéral;* ce qui flatta ses nouveaux alliés : car ce titre annonce une composition d'hommes animés des intentions les plus pures , et est revendiqué, à *bon droit,* par les amis de la légitimité. Ce renfort , fut pour les révolutionnaires, un triomphe momentané; car la véritable richesse de la France n'est, ni dans ses capitaux, ni dans son commerce; mais bien dans la richesse de son sol et la quantité de ses productions. La grande majorité des propriétaires resta donc dans les rangs des amis de la monarchie. Elle sentit la nécessité d'opposer un contrepoids à la faction que je viens de signaler, et envoya la chambre de 1815, où se trouva cette majorité si compacte, si unie d'intérêts et de sentimens.

Le ministère aurait dû naturellement
trouver sa force dans cette majorité; mais
soit imprévoyance ou erreur , il la chercha
ailleurs , et ne put s'en créer aucune. Tout
le bien qu'on pouvait attendre d'une chambre ainsi composée, fut perdu pour long-
temps, et le vaisseau de l'état fut encore
une fois livré aux tempêtes. Ce n'est pas le
moment d'examiner de quel côté furent les
torts ; mais le ministère, par cette conduite
équivoque, jeta dans une fausse position ,
beaucoup de bons et vrais royalistes, qui
avaient pensé qu'en s'associant à lui, ils se-
condaient de tous leurs moyens l'action du
trône (1). Il s'ensuivit l'ordonnance du 5
septembre , qui ne donna au ministère
qu'une majorité faible et indécise, et qui

---

(1) L'auteur de cet opuscule avoue qu'il a été de
ce nombre ; mais aussi il assure qu'en voyant paraître à la tribune certains hommes qu'il connaissait depuis long-temps comme les ennemis du
trône et de nos institutions , il ne tarda pas à se reprocher son erreur.

ne se formait quelquefois que de ceux qui avaient si bien servi Bonaparte dans les cent-jours. Ce fut cette chambre, fruit de l'ordonnance du 5 septembre, qui fit la première loi des élections (celle du 5 février 1817); loi qui a pensé être si fatale à la France, et que ses auteurs même ont maudite plus d'une fois (1). Le côté gauche fut un des fruits amers de cette loi.

Ce fut à cette époque que la faction libérale montra toute sa perfidie. Elle porta aux nues l'ordonnance du 5 septembre. Elle parut un moment servir le ministère pour avoir le moyen de le culbuter plus tard, et renverser en même temps la Charte et son auteur. Si elle avait conservé Louis XVIII sur le trône, ce n'eût été que pour ne pas

_____

(1) M. Lainé qui en fut l'auteur et qui la présenta aux chambres, au nom du Roi, fut le premier à reconnaître, avec cette loyauté qui le distingue, que la loi du 5 février pouvait entraîner la chute du trône, et à appuyer la demande de son rapport.

effrayer la nation; mais elle lui aurait imposé soit la constitution de 1791, soit celle des cortès, ou bien même celle faite dans les cent-jours, fruit de la conception de M. Manuel. Les preuves de ce que j'avance existent dans la réimpression et la distribution excessives des constitutions de 1791 et de celle des cortès, que soutiennent encore aujourd'hui, avec tant d'acharnement, la faction révolutionnaire, et quelques hommes qui se présenteront comme candidats aux prochaines élections, et que je vais bientôt démasquer.

Le gouvernement dut être promptement épouvanté des résultats de la loi du 5 février. Au lieu de ces députés de 1815, qui avaient presque tous consacré leur vie au soutien de la légitimité, ou qui, depuis le retour du Roi, avaient donné des marques non équivoques de leur dévouement au trône et de leur fidélité à la foi jurée, il voyait venir s'asseoir sur les bancs de la chambre élective, des hommes qui avaient en partie fait la journée du 20 mars, ou qui avaient, à cette

époque de douloureuse mémoire, servi de
tous leurs moyens, soit la cause de Bonaparte, soit la cause de tout autre prince que
notre Roi légitime ; que le prince appelé au
trône par son droit de naissance et par l'a-
mour que lui avait manifesté le peuple français, à sa première apparition sur le sol de
sa patrie ; amour auquel le Roi avait si no-
blement répondu, en donnant à ses sujets
beaucoup plus de liberté que peut-être les
circonstauces ne le commandaient.

Ces nouveaux membres de la chambre
des députés parurent un moment étonnés
de se trouver en si heureuse position. Ils
n'osèrent d'abord se montrer à découvert,
et se déclarèrent les défenseurs exclusifs de
la Charte, tout en lui portant les plus rudes
coups. L'un d'eux, M. Voyer-d'Argenson,
fit connaître le premier les véritables sentimens de la faction. Il mit en doute la léga-
lité de la Charte, en faisant entendre qu'elle
ne liait pas le peuple, parce qu'il ne l'avait
pas consentie. Cette aggression contre la
constitution du royaume, aurait dû des-

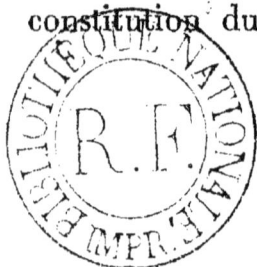

2

siller les yeux des électeurs les moins clairvoyans, et démontrer à ceux qui regardaient
certains candidats comme les vrais défenseurs du pacte social, qu'ils n'en étaient que
les ennemis. S'il a pu encore exister quelque
doute à cet égard, ils ont dû cesser, en
voyant au nombre des candidats libéraux,
MM. de Lafayette, Lambrechts, Benjamin-
Constant, Manuel, Bignon, etc. Tout le
monde connaissait l'attachement du premier
(M. de Lafayette) pour la constitution de
1791. Le second (M. Lambrechts) n'avait
pas dissimulé son opinion sur la Charte et
sur le gouvernement des Bourbons. Le troi-
sième (M. Benjamin-Constant) avait toujours professé dans ses écrits les principes
du plus pur républicanisme ; il avait été de
plus le rédacteur des fameux actes additionnels par l equels la Charte avait été abrogée,
et qui devaient, suivant leur auteur, fixer
les destinées futures du peuple français. Le
quatrième (M. Manuel) avait fait une autre
constitution que la nôtre, pour être offerte
à Louis XVIII, à sa seconde rentrée en

France; quant au cinquième (M. Bignon)
tous ses ouvrages prouvent son amour pour
toute autre constitution que la Charte. Il a
prôné celle des cortès, qui, exaltées par les
principes développés dans les ouvrages de
cet auteur, en ordonnèrent l'impression
dans la langue de leur pays. Quant aux dignes amis de ces cinq députés, ils ont presque tous donné, depuis l'apparition des
Bourbons en France, des preuves de leur
peu d'amour pour cette auguste famille. Ils
ont servi l'usurpateur à son retour de l'île
d'Elbe, par tous les moyens en leur pouvoir.

Je rends assez de justice à la majorité des
électeurs qui ont nommé les hommes que
je viens de désigner, pour croire qu'en les
associant aux travaux des véritables amis de
la Charte, ils espéraient que leur première
apparition à la tribune n'y serait marquée
que par l'abnégation de leurs anciens principes et une franche profession de foi à ceux
de la légitimité, comme les seuls conserva-
teurs de l'ordre social; pour y reconnaître

2*

que le pouvoir dérivait du trône et non du peuple : principe sacramental de la Charte et sa base immuable. Au lieu de faire ces déclarations avec la loyauté que leur prescrivait la religion du serment, on les a vus froidement parjures, combattre ces éternels principes de l'ordre, non-seulement dans leurs discours, mais jusque dans leurs propositions de lois et dans leurs amendemens. Toutes leurs péroraisons n'ont eu d'autre but que le développement de leurs utopies politiques, en opposition aux sages maximes de la Charte, comme devant servir de garantie à la stabilité de la monarchie constitutionnelle.

Voilà ce que furent et sont encore ces hommes qui se disent les défenseurs exclusifs de la Charte. J'avouerai cependant que depuis que la faction s'est décorée du beau titre de *parti constitutionnel*, et qu'elle s'est accrue d'auxiliaires qui ont soujours ouvertement reconnu le principe de la légitimité, et ont souvent payé leur juste tribut d'hommages à l'auguste famille qui nous

gouverne, quelques-uns des chefs de l'opposition ont honoré leur mandat par des
professions de foi, qui, quoiqu'enveloppées
dans un style entortillé, n'en ont pas moins
consacré les grands principes d'ordre public.
Ces momens, où la raison reprend son empire sur les égaremens de l'esprit, ont été
courts; car bientôt subjugués par un ascen-
dant auquel la force de l'habitude a donné
toute sa vigueur, je les ai entendus, si peu
conséquens avec eux-mêmes, combattre ces
mêmes principes qu'ils avaient préconisés
sous Bonaparte, comme les seuls conser-
vateurs de la tranquillité et de la stabilité
des Etats. Triste effet, dans des esprits d'une
bonne trempe, de la versatilité des opinions
humaines, égarées par le fanatisme et l'ai-
greur des partis, et qui n'ont plus la raison
pour guide et la vérité pour soutien.

Pour amener les chefs de l'opposition,
qui ne sont (peut-être sans le croire) que
ceux de la faction révolutionnaire, pour les
amener, dis-je, à faire les déclarations de
principes dont je viens de parler, il fallut un

de ces attentats qui épouvantent le Monde.
Un prince magnanime, courageux, le père
des malheureux, le protecteur des arts et
des belles-lettres, un prince, enfin, l'espoir
de la patrie, Monseigneur le duc de Berry
tomba sous le poignard d'un lâche assassin.
La triste nouvelle n'en fut pas plutôt répandue, que la France entière accusa la faction
révolutionnaire comme moteur d'un crime
aussi horrible. La faction jeta les hauts cris
pour se défendre d'une telle accusation; et
il est vrai de dire que l'instruction du procès
de l'infâme Louvel ne lui trouva aucun com-
plice. Mais on peut demander aux chefs des
révolutionnaires bonapartistes, si ce ne furent pas leurs insinuations perfides qui con-
duisirent la main du parricide. Pour se défendre de ce grief, et pour en repousser tout
l'odieux, ils crurent devoir s'expliquer et
faire des professions de foi. Je laisse à
la postérité le soin d'en apprécier le mérite.

Ce fut à cette époque, d'horrible mémoire,
que commença à s'effectuer une réunion

tant désirée par tous les vrais amis du trône:
ce fut celle des royalistes de toutes les opinions. Ils sentirent enfin que la cause de la
légitimité exigeait le sacrifice de quelques
ressentimens particuliers. Cette réunion
donna au ministère la majorité, qui quoique faible en apparence , puisqu'elle ne fut
que de quelques voix, ne rendit pas moins
les services les plus réels à la cause de la
monarchie constitutionnelle , en changeant
la loi des élections et en y substituant celle
qui existe aujourd'hui.

Il est certain que, si ce changement ne se
fut opéré, la cause des vrais amis du trône
devenait bien incertaine, puis qu'un quatrième renouvellement du cinquième de la
chambre, effectué en vertu de la loi du 5
février, otait la majorité aux royalistes qui
ont seuls maintenu le pacte social existant;
et que dans le cas contraire, le pouvoir, selon toutes les probabilités, passant du centre
dans la partie gauche de la chambre , les
destinées de la France et celles de son pacte
social étaient livrées à toutes les incertitudes

et à des variations bien dangereuses pour
l'ordre des choses existant.

Cette réunion du coté droit avec le ministère, fut un coup de foudre pour les révolutionnaires. Elle donna cependant au
coté gauche de la chambre des auxiliaires
qui n'étaient pas à dédaigner. Quelques députés marquans par leurs talens oratoires
qui, jusqu'à ce moment, avaient paru être
dans les rangs ministériels, firent scission,
et semblèrent se réunir à la gauche. A leur
tête furent MM. Camille Jordan et Royer
Collard. Ils avaient depuis long-temps
donné des preuves de leur dévouement à la
cause des Bourbons; et depuis le retour du
monarque, ils avaient (surtout M. Royer-
Collard) occupé des emplois de confiance,
et très-lucratifs, mais ils n'étaient pas encore
à la tête des affaires et ne se trouvaient
placés qu'à la suite du ministère. Ils crurent
peut-être qu'en se réunissant au côté gauche, ils seraient les chefs de l'opposition et
et la dirigeraient à volonté. Les événemens

ont prouvé que ces transfuges des rangs mi-
nisteriels, au lieu d'être à la tête du parti,
n'en ont été que l'arrière garde. Je leur rends
assez de justice pour penser que, s'ils en
avaient dirigé les discussions oratoires, on
n'aurait pas eu le scandale de voir la tribune souillée par les *répugnances* de M.
Manuel; par l'apologie des événemens séditieux de juin 1820, et l'approbation de
la conduite d'une jeunesse égarée et coupable. On n'eût point entendu de perfides
orateurs encourager ces attroupemens qui
n'avaient d'autre but que d'empêcher les
exercices pieux de la religion. On n'eût point
entendu M. le général Foi se déclarer presque le défenseur bénévole du révolté Berton
et pallier par ce panégyrique tous les mou-
vemens séditieux qui ont eu lieu avant et
depuis cette époque. D'autres orateurs, dont
je parlerai bientôt, nous auraient fait grace
de leur pathos révolutionnaire. Je dirai
même que j'en ai vu souvent gémir M.
Royer Colard et quelques-uns de ceux qui

se grouppent autour de lui dans les rangs de l'opposition (1).

On doit se rappeler que, malgré la réunion du ministère avec le côté droit, la majorité qui obtint le changement fait à la loi du 5 février, ne fut que de quelques voix. La discussion qui eut lieu à ce sujet, fut appelée par M. de la Fayette *la Bataille des Elections*. La victoire resta à la bonne cause. La nouvelle loi fut rendue sur un amendement de M. Boin, (du Cher), qui l'emporta sur celui de M. Camille Jordan, auquel, par dépit de ne pouvoir conserver la loi du 5 février, se réunirent les membres de l'extrémité de gauche, qui avaient cru remporter la victoire à l'aide des attroupemens séditieux qui s'étaient réunis à la porte

---

(1) M. Camille Jordan est mort, et sa perte a été vivement sentie par tous ceux qui le connaissaient. Quoique je lui fusse, à cette époque, très-opposé en opinion politique, je ne puis m'empêcher de lui rendre justice, et de reconnaître que dans d'autres temps il avait rendu des services à la cause royale.

de l'assemblée ; attroupemens séditieux for-
més de cette jeunesse se disant libérale, mais
qui à cette époque se montra factieuse, et
qui, entraînée et encouragée par les discours
fougueux prononcés à la tribune de la chambre élective, menaçait hautement les députés fidèles et loyaux qui voyaient dans la
réforme de cette loi le salut de l'état. Cette
tactique, digne des premiers temps de nos
annales révolutionnaires, échoua devant la
fermeté des hommes que je viens de désigner, et des ministres courageux qui soutin-
rent avec une constance et un sang-froid
imperturbables , les assauts qui leur furent
livrés à la tribune par des hommes qui ne
gardaient plus aucune mesure.

Ce fut au moment des attroupemens de
juin, que la chambre se forma en majorité
et en minorité, et que disparut le centre. Il
était encore le plus nombreux dans ce qui
formait la majorité; mais il était facile de
prévoir que les effets de la nouvelle loi des
élections porteraient le pouvoir dans le côté
droit qui n'avait jamais varié dans ses prin-

cipes. Il avait toujours soutenu les intérêts
de la propriété contre ceux des capitaux,
représentés par les interêts industriels, des-
quels les révolutionnaires s'étaient déclarés
les défenseurs. La nouvelle loi étant véritablement favorable à la propriété, on devait
en attendre le résultat inévitable que je viens
d'annoncer.

Ce fut un crime politique bien condam-
nable des premiers révolutionnaires français, que celui d'avoir établi une différence
dans des intérêts qui n'auraient jamais dû
être separés, ni d'action, ni d'union; puis-
que de l'accord qui doit exister entre eux,
doit provenir la force de l'état.

Avant la révolution, la grande propriété
était dans les mains du clergé et de la noblesse; et, par les rapports qui existaient
entre elle et la petite propriété, on peut dire
que cette dernière était sous la protection
spéciale de la première : c'est ce qui faisait
la prospérité de l'une et de l'autre, et leur
grande influence sur les destinées de l'état.

On voulait une révolution. Pour y par-

venir il fallut persuader aux tenanciers de la
petite propriété qu'ils étaient presque les
esclaves et surtout les tributaires de ceux
de la grande propriété. La dîme, quelques
droits seigneuriaux, soit honorifiques ou
pécuniaires, furent les grands moteurs dont
on se servit pour entraîner les petits propriétaires dans le labyrinthe des révolutions.
Séduits par des motifs aussi spécieux ces
derniers se laissèrent aisément convaincre ;
et tous les liens qui unissaient les deux pro-
priétés furent rompus. Il en est résulté l'a-
bolition de la dîme, celle des droits seigneuriaux de toute nature, et même l'extinction
des deux grands corps de l'état, le clergé et
la noblesse. Cela est fait : loin de moi l'idée
de vouloir les rétablir, ni même de rendre
à la noblesse les biens dont elle a été spoliée.
J'avoue que cela amènerait une commotion
plus terrible peut-être que la première (1).

---

(1) Je reconnais la nécessité de l'indemnité ; mais
ce n'est pas le moment de la discuter. Je dirai seu-

De plus, la Charte a consacré irrévocable-
ment cet objet, et les royalistes veulent son
exécution.

Quelle fut la classe rivale des deux anciens grands corps de l'état? et quels furent
les premiers instigateurs des événemens
dont je viens de parler ? Les capitalistes et
les commerçans. Ce sont encore ces mêmes
hommes qu'on trouve aujourd'hui à la tête
des libéraux. C'est cette classe qui se dit la
protectrice de l'industrie, le soutien des libertés publiques : c'est avec ces deux titres
pompeux qu'elle appelle à elle tous les pro-
létaires, pour nous replonger de nouveau
dans le gouffre révolutionnaire. Peut-être
n'a-t-elle pas cette coupable pensée ; mais
c'est cependant ce qui arriverait, si le peuple
plus éclairé par l'expérience sur ses vérita-

---

lement que je la désire autant dans l'intérêt des
propriétaires actuels que de ceux dépossédés. Ce
fut une grande idée d'un digne maréchal (M. le duc
de Tarente) ; et ce ne sera pas dans son histoire un
de ses moindres titres de gloire.

bles intérêts, ne repoussait le poison de leurs
doctrines.

Il faut dans une monarchie où toutes les
hiérarchies sociales ont été nivelées et où le
trône a perdu ses appuis naturels, qu'il s'en
crée de nouveaux. Où pouvait-il les chercher
aujourd'hui si ce n'est dans la classe des propriétaires ? C'est en effet sur la propriété
qu'il a établi les bases de la nouvelle loi d'é-
lections. Aussi les hommes qui se disent les
représentans du peuple et les soutiens de
l'industrie jettent-ils les hauts cris contre
cette loi, qui, selon eux, n'est que la protectrice de l'aristocratie, tandis qu'elle n'a
fait que placer les choses dans leur état
naturel. J'entends les sophistes libéraux s'é-
crier : *La double représentation, n'est-elle
pas de l'aristocratie toute pure ?* Non
leur dirai-je. L'aristocratie dont vous voulez
effrayer le vulgaire, n'est qu'un être fantas-
tique et qui ne saurait exister dans un pays
où il n'y a point de classe privilégiée, et
où la constitution de l'état a déclaré l'égalité de tous devant la loi ; la double repré-

tation n'a été créée que pour établir un juste équilibre, et pour que la démocratie, qui, selon M. Royer Colard, *déborde de toute part*, ne puisse envahir le pouvoir exécutif, qui est celui du trône.

Le grand système de la faction libérale est de diviser les intérêts réels, d'en forger d'imaginaires pour effrayer les deux qui existent véritablement : celui du sol et celui de l'industrie. Le système des vrais amis de la monarchie constitutionnelle, est de réunir ces deux intérêts, et de fortifier par leur union la puissance de la France (1). C'est à la tête de ce dernier système que marche le gouvernement. Mais, tant que les libéraux chercheront à diviser ces deux intérêts, qui, dans celui de l'Etat ne devraient en faire

_____

(1) Il est facile de se convaincre que le Gouvernement accorde une égale protection aux manufactures, au commerce et à la propriété. L'exposition qui a eu lieu cette année au Louvre n'est-elle pas la preuve de tout l'intérêt qu'il porte aux produits de l'industrie ?

qu'un seul, je le répète, où le gouvernement, par la force des choses, doit-il trouver son appui? Dans celui d'où dérive l'action de l'autre : dans la propriété. Voilà, je
le dis encore, tout le résultat de cette loi
des élections dont on fait un épouvantail au
peuple.

Dans la digression que je viens de faire,
je n'ai eu pour but que d'établir la simili-
tude de la faction libérale avec le parti qui
a fait en France la révolution, et l'emploi
des mêmes moyens par les deux factions:
Mais les révolutionnaires de 1789 se présentaient dans la carrière, avec le mot de
réforme des abus dans la bouche, avec ceux
de *liberté et d'égalité.* Joignez à ces mots
magiques l'ignorance dans laquelle était
alors le peuple sur le danger des révolutions,
et vous ne serez point surpris de l'entraî-
nement qu'ils excitèrent. Aujourd'hui, la
classe que nos libéraux voudraient soulever,
éclairée par l'expérience des trente-cinq an-
nées qui viennent de s'écouler, est en garde
contre les piéges grossiers qu'on veut lui

tendre. Mais il n'en faut pas moins éclairér
cet instinct naturel, qui est le conservateur
de l'ordre ; et c'est ce que je vais essayer, en
reprenant ma narration.

J'ai dit que le résultat de la loi d'élections
serait de transporter le pouvoir du centre
dans la droite de la chambre élective : c'est
ce qui s'est effectué dans le commencement
de la session de 1821. Le ministère actuel
dont M. de Villèle est le président, fut pris
en majorité dans ses rangs. Cet événement
dérangea la tactique des chefs de l'opposition : ils crurent devoir dissimuler leurs projets sous le voile d'une dénomination nouvelle ; et se décorèrent du titre de *constitutionnels* : c'est sous cette bannière que je
vais les signaler à mes lecteurs.

TITRE III.

Des soi-disant Constitutionnels.

———————

Depuis la restauration, la tactique des révolutionnaires a été de présenter le côté droit de la chambre des députés comme le foyer de la contre-révolution; de supposer aux membres qui y siégent les intentions les plus perfides contre l'ordre actuel des choses. Dans presque tous les discours des membres du côté gauche, dans ceux même des membres qui avaient abandonné les rangs ministériels pour se réunir à eux, on calomniait les intentions du côté droit. Le ministère avait été pris dans ses rangs, il fallait continuer les mêmes accusations pour lui faire perdre la confiance du Roi et du peuple; il fallait aussi gagner celle de quelques hommes qui avaient proclamé que le salut de la France

3*

reposait sur le principe immuable de la légitimité et de l'hérédité au trône par droit de primogéniture dans la famille des Bourbons; mais qui, en même temps, se considéraient comme les défenseurs de la Charte. De plus, on croyait par ces accusations continuelles, donner de l'autorité à l'espèce d'apostasie politique de quelques autres. C'est cette tactique qu'on employe encore aujourd'hui avec plus d'obstination que jamais.

Parmi les députés que l'opposition voulait encore amener dans ses rangs, étaient des membres du centre qui avaient souvent démasqué à la tribune la faction libérale, et montré le côté gauche comme servant au moins d'auxiliaire à cette faction. On sentit la difficulté qu'il y aurait à faire apostasier des hommes qui s'étaient prononcés aussi formellement. On crut pouvoir y parvenir en se proclamant les seuls amis de la constitution. C'est pour vous, royalistes du centre, défenseurs du trône, de la légitimité et de la Charte, que cette minorité *indépendante* avant les cent jours, *libérale* depuis le mois

de juillet 1815, jusqu'à l'attentat de février
1820, a pris depuis cette époque, le titre
d'*amis de la constitution*. Vous avez entendu leurs discours, et vous êtes restés fer-
mes dans les rangs que vous avez choisis.
Vous avez toujours fait une distinction entre ces hommes auxquels vous ne reprochiez
qu'un *zèle trop ardent*, et ceux que votre
mâle éloquence a souvent signalés à la France
comme les ennemis de son repos et de son
bonheur; comme les ennemis de la dynastie
auguste à laquelle vous avez voué votre
amour : amour qui se nourrit dans vos cœurs
de la magnanimité de nos princes et de votre
attachement à la patrie. Les électeurs qui
ont pu s'égarer un moment sur leurs choix,
ne se laisseront plus abuser sur le mérite
des candidats qui leur seront offerts; ils
sauront qu'ils ne doivent pas trouver les
amis de leur pays, parmi les hommes qui
leur seront présentés par les feuilles qui se
prétendent aujourd'hui les organes des *amis
de la constitution* et du vœu de la France.

C'est en comparant la marche du minis-

tère actuel, qui est à la tête de la majorité
royaliste, avec celle de l'opposition, ou des
prétendus *amis de la constitution,* que
j'espère parvenir à faire connaître les vrais
amis de l'ordre social.

Depuis 1814, le gouvernement s'était vu,
par la force des événemens, contraint à
demander chaque année aux chambres, un
provisoire sur les contributions de l'année
courante. Le ministre qui en présentait le
projet de loi, était le premier orateur qui
signalait la nécessité de sortir d'un pareil
état de choses. Il déplorait la position du
gouvernement, d'être forcé d'y recourir.
Tous les orateurs qui lui succédaient, répé-
taient à peu près les mêmes doléances. Enfin, il semblait n'y avoir qu'un vœu formé
sur cette question.

Les membres de l'extrême gauche, dans
la discussion sur la loi des finances, avaient
élevé les reproches les plus amers et les plus
ironiques sur ce régime provisoire. Un mar-
quis, connu par ses saillies piquantes, en faisant l'énumération de tout ce qui, selon

lui, était provisoire en France, y comprit
les ministres. Enfin, tout annonçait que le
ministère, qui trouverait le moyen de sortir de cet état de choses, serait secondé par
toutes les opinions. En 1821, le gouvernement se présenta avec la ferme résolution
de le faire cesser. Il ne trouva qu'un seul
moyen pour arriver à ce but : celui de faire
deux sessions dans l'année; savoir : celle de
1821 et celle de 1822 (1). Les ruses de
toute espèce furent employées par la minorité, pour prolonger la première de ces
deux sessions, et pour mettre le gouvernement, faute de temps, dans l'impossibilité
de pouvoir terminer la seconde, à une
époque qui permit de ne pas avoir recours à
la demande du provisoire. Ces ruses furent
des discours sans fin sur des questions déjà
rebatues; mais ce moyen ne fut pas le plus

---

(1) Aucun article de la Charte ne s'oppose à
cette mesure. Ainsi donc le moyen des deux sessions
dans la même année était le seul en conformité avec
notre pacte social.

indécent ; l'opposition en trouva un autre :
celui de refuser son vote dans certaines occasions, ou de disparaître en masse, à un
signal donné par les meneurs du parti. Ce
moyen, qui blesse toutes les bienséances,
qui est indigne du caractère de législateurs,
fut mis en usage chaque fois que la minorité crut s'apercevoir que, par son absence,
la chambre ne serait pas en nombre suffisant
pour valider un scrutin (1).

Un parti hostile peut employer de semblables moyens pour entraver la marche du
gouvernement; mais celui qui veut franchement l'exécution d'une mesure qu'il a
semblé solliciter lui-même, n'a pas recours
à des stratagèmes indignes d'hommes qui
sont revêtus de la confiance d'un département, ou d'un arrondissement.

Voilà pourtant, électeurs, ce qui s'est

---

(1) Le lecteur se rappellera qu'il faut le vote de
la moitié plus un des membres composant la
Chambre, pour que le scrutin soit valable. Il en est
de même pour le vote par assis et levé.

passé sous les yeux de la France entière, et ce que vous n'avez pas assez connu. Ces manœuvres insidieuses ont empêché ou retardé des lois qui étaient dans l'intérêt de la France, ou de tout un département, telles que celles sur les canaux, et celle sollicitée par le département d'Eure-et-Loir (1).

Depuis long-temps la minorité demandait à grands cris l'abolition de la censure. Le côté droit s'était souvent réuni à elle dans le même but. Tous avaient semblé désirer des lois fortes, à l'aide desquelles on pût arrêter la license de la presse. Le ministère actuel se hâta d'en proposer, qui, en

---

(1) Il s'agissait de rendre au séminaire de Chartres les bâtimens qu'il occupait avant la révolution, et de transférer le tribunal civil et la gendarmerie, qui occupaient lesdits bâtimens, dans un autre local. Le conseil-général du département d'Eure-et-Loir avait voté des centimes additionnels pour une partie des dépenses que ce déplacement occasionnerait, et la loi était présentée d'après le vœu de ce conseil-général.

abolissant la censure, pussent remplir le
vœu formé par les deux côtés opposés de la
chambre. Ces lois qui, selon les apparen-
ces, devaient être accueillies avec enthousiasme et reconnaissance par ceux qui les
avaient sollicitées depuis si long-temps, parurent à ces mêmes hommes, si incommo-
des, si arbitraires, et si vexatoires, qu'a-
près une discussion, dans laquelle toutes
les passions furent mises en jeu pour exciter
le peuple à la révolte, et l'armée à l'insubordination (I), trente-neuf membres s'abs-
tinrent de voter, *par respect,* dirent-ils,

---

(1) Il est à remarquer qu'à l'époque où les discours
dont je viens de parler se prononçaient à la tribune,
une révolte armée éclatait à Colmar; que celle de
Berton se préparait, et que des condamnés dans cette
dernière affaire ont accusé hautement les orateurs
qui les ont prononcés, de les avoir entraînés à la
rébellion. Parmi ces orateurs, plusieurs se présenteront comme candidats aux élections, c'est pour-
quoi je démasque leurs manœuvres presque sédi-
tieuses.

pour la charte. Il faut avouer que par une innovation que je pourrais qualifier d'infraction à son esprit, le jugement des délits de la presse avait été confié à des jurés, et que la loi nouvelle leur enlevait cette juridiction.

L'article 65 de la charte conserve l'*institution des jurés;* mais il n'ajoute rien aux attributions qu'ils avaient avant sa promulgation, et il reconnaît par ce fait, qu'il ne doit y être apporté aucun changement. Ainsi, la nouvelle loi, en rendant aux tribunaux civils, jugeant correctionnellement, la connaissance des délits de la presse, ne faisait que rétablir les choses dans leur état primitif. Cela n'empêcha pas que MM. Cabanon, de Chauvelin, Demarçay, Dupont (de l'Eure), Étienne, Français (de Nantes), de Grammont, Hernoux, Jobès, Kératri, Labbey de Pompières, Beauséjour, Kœchlin, Lafitte, Caumartin, Devaux, Lafayette, Casimir Perrier, Alexandre Perrier, Lameth, Lecarlier, Lefèvre-Gineau, Leseigneur, Désormaux, la Pommeraye, Rodet, Tarraire, de Thiars, de Corcelles, Manuel, Marchegai, Maynaud de Lavaux, Mechin, Perreaux de Magnès, Tronchon, Foy, Saint-Aignan, de Girardin et Voyer d'Argenson, ne crussent voir dans la loi proposée, une infraction si grave à la Charte, que, *par respect pour elle*, ils en commirent une bien plus grave à leur mandat, celle de ne pas voter les lois (1).

Depuis que l'autorité a été dévolue aux membres du côté droit, (qui, selon les *constitutionnels*, sont les plus grands ennemis de la Charte), on voit que le gouvernement n'a proposé que des mesures qui rentrent entièrement dans sa stricte exécution, telles que celles sur l'abolition du provisoire et les deux lois sur la liberté de la presse; et il est

---

(1) Lorsque par mon sujet, j'aurai à entretenir mes lecteurs de la guerre d'Espagne, je leur montrerai que ces lois si rigoureuses contre la liberté de la presse, n'ont pas empêché les organes de la faction révolutionnaire d'égarer l'opinion publique par les moyens les plus odieux.

à remarquer que c'est la seule époque depuis la restauration, où les Français aient
joui du libre exercice de leurs droits constitutionnels. Quel danger, en effet, peut-on
trouver dans les lois répressives des délits de la
presse? Serait-ce parce qu'elles punissent celui
*qui aura outragé ou tourné en dérision la
religion de l'Etat, ou toute autre religion
dont l'établissement est légalement reconnu en France?* Parce qu'elles punissent
toute attaque, par l'un des mêmes moyens,
*contre la dignité royale, l'ordre de suc-
cessibilité au trône ; les droits que le Roi
tient de sa naissance ; ceux en vertu des-
quels il a donné la Charte ; son autorité
constitutionnelle; l'inviolabilité de sa per-
sonne, etc.*

Je reconnaîtrai que voilà pour les *constitutionnels* de terribles entraves à la liberté
de la presse; mais je dirai que ce sont des
garanties données aux diverses religions re-
connues en France, à la dignité Royale et
à l'ordre de succession au trône. Je sais que
les écrivains aux gages de la faction, tantôt

indépendante , tantôt *libérale* , tantôt
contitutionnelle, mais toujours ennemie
du trône et des pouvoirs qui émanent de
son autorité, auront de la peine à se con-
former à cette loi ; mais ce qui m'a paru in-
concevable, c'est que la tribune occupée
par des députés se disant Français , ait re-
tenti de blasphêmes politiques contre une
loi à laquelle on ne peut faire d'autre re-
proche, par tout ce qui s'est passé depuis sa
promulgation, que celui de n'avoir pas été
assez prévoyante.

Dans les sessions si remarquables de 1821
et 1822, on a poussé l'audace jusqu'à faire
le panégyrique de Bonaparte , et vanter l'enthousiasme avec lequel il avait été reçu en
mars 1815. On a osé pallier les révoltes armées de Colmar et de Saumur. On a même
poussé l'impudence plus loin encore ; et peu
de momens après avoir parlé de l'accueil fait à
l'usurpateur, on a eu l'effronterie coupable et
mensongère de dire que le retour du Roi et de
son auguste famille avait été vu par la France
avec *répugnance*. Malheureux auteur d'une

aussi affreuse calomnie, que n'êtes-vous ren-
tré en vous-même ! vous n'eussiez pas causé
le nouveau scandale dont je vais bientôt entretenir mes lecteurs.

A la session de 1823, de grands événemens préparaient des discussions vives et
animées. Le Roi avait fait pressentir, dans le
discours d'usage à l'ouverture de chaque
session, qu'il serait forcé d'intervenir en armes dans les affaires de la Péninsule, pour
mettre un terme aux maux qui désolaient
ce malheureux pays, et pour rendre à la
liberté un Roi captif et sans autorité.

Le dernier refuge de la cause des constitutionnels, le pays sur lequel ils fondaient
toutes leurs espérances, c'était l'Espagne. Ils
savaient que leurs amis, ceux qui avaient
échappé à la vindicte des lois, avaient trouvé
l'impunité de leurs crimes révolutionnaires
dans ce pays. Ils savaient que le drapeau
tricolore devait y servir de ralliement à la
révolte. Ils redoutaient cependant les effets
d'une intervention armée, parce qu'ils connaissaient la valeur française, et ne doutaient

pas de ses triomphes ; et qu'ils n'igno-
raient pas que les Espagnols, amis de la religion et du Roi, abandonnés à leur propre
force, et ayant à lutter contre une armée
régulière, finiraient par succomber, s'ils ne
recevaient de secours étrangers.

C'était donc un coup de parti que d'empêcher la guerre avec la Péninsule. Les constitutionnels voulaient très-bien qu'on la fît
dans le Nord aux puissances qui avaient re-
mis les Bourbons sur le trône : ils la deman-
daient même à grands cris. C'était pour punir ces gouvernemens d'avoir chassé Bonaparte du territoire français; parce que vivant,
ou mort, l'usurpateur est l'idole qu'ils encen-
sent, et qu'ils voyent revivre dans la per-
sonne de son fils. Aussi mirent-ils en usage
les moyens les plus anti-français pour empêcher une guerre dont les résultats doivent
être le tombeau de la faction.

Ces députés qui naguère reprochaient au
gouvernement français son inertie, et auraient dû, par respect pour leurs opinions
antérieures, ne pas s'opposer à l'intention

qu'il manifestait de sortir de cette position; ceux qui lui disaient : *Vous avez réduit la France à un état de nullité tel, que la grande nation semble avoir disparu du globe;* ceux-là, dis-je, ont été pourtant les mêmes qui ont voulu empêcher la France de reprendre son rang parmi les grandes puissances de l'Europe. Ils ont employé, pour arriver à leur but, tout ce qui pouvait attiédir le courage français. Les prédictions les plus sinistres ont été mises en avant. L'inexpérience et la jeunesse de la plus grande partie des braves composant notre armée, devaient être frappées de stupeur à la vue des phalanges constitutionnelles. Tous les révolutionnaires espagnols étaient autant de héros, qui devaient, à l'exemple de leurs ancêtres, s'ensevelir sous les ruines de leurs foyers domestiques, plutôt que de souffrir une intervention étrangère. Les royalistes espagnols n'étaient, selon les mêmes orateurs, que des bandes de brigands sans courage, avilies sous la verge de l'inquisition. Les armées françaises ne devaient,

selon d'autres prédictions, trouver que des
ennemis dans tout le reste de la nation es-
pagnole : chaque buisson ne devait être
qu'une embuscade, et tout homme debout
un miquelet armé contre elles.

M. de Chateaubriant, dans un discours
aussi éloquent que fort de choses, avait démontré la nécessité d'une intervention armée, et prouvé sans replique les droits de
la France à cet égard, non-seulement sous
le rapport du voisinage, mais encore par
la conduite des Cortès envers elle, et les
griefs qu'elle avait à leur reprocher pour
insultes faites à son gouvernement et à son
roi. Ce discours, d'une dialectique si pres-
sante, avait fait la plus vive impression sur
l'esprit de tous ses auditeurs, et on prévoyait
celle qu'il ferait sur le public à la lecture.
Les chefs de l'opposition sentirent la nécessité de porter la curiosité publique sur
un autre discours, qui, tout en répondant
au savant orateur du gouvernement, devait
amener une scène de scandale et de tumulte,
semblable à celles dont la France avait eu à

gémir tant de [fois, mais qui n'en fixerait
pas moins son attention. On ne pouvait
mieux choisir, pour produire un pareil effet, qu'un homme comme M. Manuel, qui
ne descend presque jamais de la tribune,
sans avoir révolté son auditoire par quelque
outrage fait à nos institutions et à la ma-
jesté du trône.

M. Manuel ne répondit point sur-le-
champ au ministre. Il eut la nuit pour conseil : elle lui suggéra la fatale pensée d'effrayer l'assemblée par le tableau des dangers que pourrait courir Ferdinand VII,
au cas d'une intervention étrangère. Il pré-
tendit que c'était la même mesure qui avait
produit le renversement des Stuart, et pré-
paré l'échafaud de Louis XVI. Il dit que
les secours de la France avaient enlevé à
Charles Ier, la seule opinion de la nation
anglaise dans laquelle il put chercher un appui. Il ajouta que ce fut aussi l'invasiou des
troupes étrangères, qui *rendit plus graves
les dangers de la famille royale;* et que
c'était cette invasion qui avait fait sentir à

4*

la France (1)..... à la France révolutionnaire, le besoin de se défendre par de *nou-*
velles formes et *une énergie toute nou-*
velle.

L'assassinat du meilleur des rois, d'un
roi qui se jeta lui-même sans défense dans
les bras de ses bourreaux; toute l'horreur
d'un si grand forfait atténuée par des *for-*
mes nouvelles et *une énergie toute nou-*
velle; la France associée à cet affreux attentat; tel fut le texte d'un discours froidement prononcé à la tribune, par un *cons-*
titutionnel, par un soi-disant *ami de la*
charte (2).

---

(1) A ce mot il partit de presque toutes les par-
ties de la salle des ho! ho! ho! qui firent que cet
orateur ajouta : *à la France révolutionnaire.*

(2) Le régicide, comme le plus grand crime,
s'empara de l'esprit de l'assemblée; mais la phrase
de M. Manuel faisait aussi l'apologie des affreuses
journées des 2 et 3 septembre, par lesquelles les
cannibales révolutionnaires avaient préludé à l'assassinat d'une aussi grande victime.

Si des révolutionnaires peuvent entendre de sang-froid de pareilles impiétés, une assemblée royaliste sent soulever son indignation et frémit d'horreur. Elle sent qu'un homme qui a osé prononcer de tels blasphêmes, est indigne de siéger dans son sein; et tel fut le premier sentiment des *sept huitièmes* de la chambre. J'étais présent à cette séance, et voilà le premier mouvement que j'ai vu s'y manifester. Voilà aussi ce qu'il faut que la France sache, et vous, plus particulièrement, électeurs! Oui, si dans l'instant même, on eût pu, sans violer les formes délibératives, mettre aux voix l'expulsion de M. Manuel, une majorité des sept huitièmes de la chambre l'eût votée d'enthousiasme; mais elle dut être renvoyée dans les bureaux à l'examen d'une commission, et l'exclusion de ce député, sur un amendement fait à la proposition, ne fut prononcée que pour la durée de la session. Cette décision fut prise à une très-grande majorité.

M. Manuel, en prenant la parole pour sa

défense, avait déclaré qu'il *ne céderait qu'à
la violence;* et quoique cette décision de la
chambre lui eût été notifiée, il ne s'intro-
duisit pas moins dans le lieu des séances, en
violant la consigne; et il y entra comme en
triomphe, accompagné d'une quarantaine
de membres qui se grouppent ordinaire-
ment autour de lui, et qui parurent braver,
à son exemple, la décision de la majorité de
la chambre : décision qui, dans toute assemblée délibérante, a force de loi pour la po-
lice de ses membres.

Ce ne fut point assez pour ces mêmes députés que d'avoir méconnu l'autorité de la
chambre : il leur fallut mettre le comble au
scandale. M. le président chargé de la po-
lice, fit, par les huissiers, sommer M. Manuel
de se retirer. Il s'y refusa de nouveau, et
l'on fut obligé d'interposer la force armée
pour l'y contraindre. L'officier commandant
le détachement, lui réitéra le même ordre de
se retirer : nouveau refus de sa part. Alors
l'officier ordonna qu'il fut enlevé de vive
force. La garde nationale qui se trouvait à

la tête de la force armée, au lieu d'obéir, mit, à l'instar de son sergent, l'arme au pied. Elle fut excitée à cet acte de désobéissance par quelques-uns des députés qui avaient ramené M. Manuel en triomphe; et parmi eux se trouvaient des généraux qui applaudirent à cet acte d'insubordination, sans songer qu'en brisant ainsi l'instrument de la discipline auquel ils avaient dû leur élévation et leurs succès, ils sapaient cette force morale qui, dans le commandement, concentre toutes les volontés dans une seule et fait surgir la gloire des héros.

Cette scène si déplorable pour tout homme ami de l'ordre, fut terminée par l'action de la gendarmerie, qui, fidèle à ses devoirs, enleva M. Manuel de sa place et le fit sortir du lieu des séances. En ce moment, les bancs du côté gauche furent déserts, parce que tous les membres qui les occupaient se retirèrent avec lui.

On a dit qu'ils avaient protesté contre cet acte de toute justice; mais cette protestation n'a point été publique. Ce qu'il y a

de certain, c'est qu'environ cinquante membres se sont abstenus de reparaître aux séances jusqu'à la fin de la session, et, par cette
action que je ne veux pas qualifier, ont
abandonné les intérêts de leurs commettans;
et dans quel moment? dans un moment où
il s'agissait de voter des subsides pour 100
millions.

Tels sont les hommes auxquels une faction, ennemie des Bourbons, peut accorder
sa confiance, mais qui sont indignes de celle
des vrais amis de la monarchie constitutionnelle: de ces hommes qui respectent l'autorité des décisions de l'un des corps du pouvoir législatif.

L'acte d'insubordination du sergent de la
garde nationale a été représenté par les révolutionnaires comme un acte de respect
pour la prétendue représentation nationale;
et ces hommes séditieux ont poussé l'aveu-
glement de leur folie coupable jusqu'à cé-
lébrer l'action du sergent Mercier et la ré-
sistance du député Manuel. Toutes les
félicitations, tous les hommages leur ont

été prodigués en signe de reconnaissance, et le burin de la lithographie s'est émoussé sur la quantité de leurs portraits offerts à l'admiration publique. C'est ainsi que se montre à découvert, dans toutes les occasions, une faction qui puise toute sa force dans son audace plutôt que dans son nombre.

Pendant ce temps, la chambre poursuivait le cours de ses délibérations, et donnait au gouvernement tous les moyens d'atteindre le monstre de la révolution dans son dernier repaire, en lui procurant ceux de faire la guerre d'Espagne. Les 100 millions demandés furent votés ; le rappel de la dernière classe des militaires libérés et la levée de la classe de 1823 avant le premier janvier 1824, le furent également (1). Toutes ces lois ont été rendues pendant l'absence de M. Manuel et de ses dignes amis.

_____

(1) Le Gouvernement n'a certainement pas eu besoin de ce dernier moyen de force , car il ne l'a pas employé à l'époque où j'écris : en octobre 1823.

Je ne puis m'empêcher de communiquer
à mes lecteurs une idée qui m'a été suggérée
par la conduite de la minorité à cette époque.
J'ai pensé qu'elle avait fait le calcul suivant:
*Tous nos discours n'empêcheront pas la
majorité, amie du trône, de donner au
gouvernement les moyens de faire une
guerre qui est si éminemment dans l'intérêt des ennemis des révolutions. Puis-
que nous trouvons une occasion de nous
affranchir des délibérations des lois de-
mandées, saisissons-la promptement;
Nous serons ainsi parfaitement étrangers à ces lois; les chances de la guerre
peuvent être hazardeuses. Si elles sont
conformes à nos prédictions, nous accu-
serons à la face de la France entière les
royalistes, des maux qu'elles pourront
amener après elles; et nous obtiendrons
ainsi facilement l'opinion publique. Dès
lors le Roi ne pourra plus donner sa confiance qu'à des hommes qui n'auront que
nous pour appui, ou à nous-mêmes, et
nous serons ainsi les maîtres du pouvoir.*

Tel est le raisonnement qu'ont dû faire ces députés; et ce qui, de ma part, n'était qu'une supposition, a acquis toute la force de la réalité. Je vais prouver que quelques membres influens de cette minorité ont formé des vœux parricides contre leur patrie, et même qu'ils ont servi de tous leurs moyens la cause des révolutionnaires Espagnols.

Que pouvait-on faire en France pour servir la cause des révolutionnaires de la péninsule? C'était de chercher à ébranler le courage et la fidélité de l'armée. Les journaux de la faction ne l'ont-ils pas fait? n'ont-ils pas employé toute leur faconde à jeter l'épouvante dans le cœur de nos jeunes soldats? En même temps qu'ils leur présentaient des dangers sans nombre, ils relevaient le courage de nos ennemis, en leur dépeignant notre armée composée de jeunes imberbes, de nouvelles recrues commandées par des officiers sans expérience. Mais ces journalistes, l'opprobre de la France, ennemis forcenés de leur patrie ne s'en sont pas tenus là : ils ont poussé le délire de leur haine et

de leur passion, jusqu'à tracer des plans de
campagne à nos adversaires. Ils ont montré
à l'un de leurs héros (le farouche Mina),
la route qu'il devait prendre pour porter
le fer et le feu dans le pays qui les a vus
naître; et sans la noble assurance des habi-
tans de l'Arriège et des départemens des
Pyrennées, celle de notre brillante armée
devant laquelle Mina n'a trouvé que la fuite
pour son salut, peut-être les belles et fer-
tiles plaines du Languedoc auraient elles été
souillées par la présence de ce rébelle, qui
a fait tant de mal à sa propre patrie.

J'ai accusé les membres influens de la
minorité d'avoir servi la cause des révolutionnaires espagnols, et j'adjure ici les
députés Keratri, Foy, Etienne et tant d'autres que je pourrais citer, de déclarer qu'ils
sont entièrement étrangers à la rédaction des
feuilles de l'opposition; et si ce n'est pas la
plume de l'un d'eux qui a tracé les lignes
qui font pour les contemporains, et feront
dans la postérité le déshonneur de ces journaux. Je somme de même leur digne ami,

M. Benjamin Constant, de faire à la France la même déclaration sur les mêmes faits (1).

Ces mêmes organes de la faction révolutionnaire ont-ils montré dans leur véritable jour la gloire de notre invincible armée ? Non !.... Tout au contraire; constans dans leur conduite haineuse, désespérés de ses premiers triomphes, ils ont dénaturé les faits, soit en en dissimulant une partie, ou en lés montrant sous un faux jour. Enfin, depuis le commencement de la guerre, ils n'ont cessé de tromper l'opinion publique par de fausses nouvelles de tous les genres. J'adjure ceux auxquels je viens de m'adresser, de déclarer qu'ils sont étrangers à cette tactique déloyale et anti-française.

---

(1) J'écris pour éclairer les électeurs sur les choix qu'ils seront à même de faire. Ces députés seront certainement au nombre des candidats présentés par la faction. Je les mets à même de prouver qu'ils ne sont pas indignes de venir siéger de nouveau dans la chambre élective. J'espère qu'ils doivent m'en savoir gré.

Je conçois qu'avant la déclaration de guerre on ait pu en redouter les effets, et présenter des réflexions à cet égard; mais on s'est rangé au nombre des factieux en persistant à tromper l'opinion publique depuis le passage de la Bidassoa; depuis le moment où on a vu arborer en Espagne le drapeau tricolore par quelques bandits, et qu'on a entendu un appel à la révolte fait à l'armée au nom de Napoléon II. Je répète que depuis cette époque, en dressant les plans de campagne des ennemis de la religion et du trône, en cherchant à attiédir le courage de notre brillante jeunesse, en dissimulant la vérité aux Français, ou s'est associé à ceux qui, dans la peninsule, portaient les armes contre leur patrie. Je dirai même qu'il y avait plus de perfidie et de lâcheté dans ces écrivains, et qu'il pouvait en résulter un plus grand mal pour la France, que n'en mettaient les traîtres à se montrer en armes dans les rangs ennemis.

Ce n'est point à ces seuls faits que je

bornerai mes reproches à la faction anti-
monarchique. Je lui dirai que par des insinuations perfides, elle a jeté l'alarme dans le
commerce ; qu'elle a par les mêmes moyens
amené une hausse factice dans les denrées
coloniales. Ne pourrais-je demander à certains négocians dont les noms sont fameux
dans le commerce, et qui siégent sur les
bancs de l'opposition, s'ils n'ont pas été les
premiers provocateurs de l'espèce d'inquié-
tude qui spontanément s'était emparée des
esprits, et a produit une augmentation aussi
subite sur les sucres et les cafés ? je leur
demanderai s'il ne leur était pas facile de
l'empêcher ? Mais, l'opinion publique qui
se trompe rarement en ces sortes de con-
jectures, les accuse hautement d'en avoir
profité ; et si cela est, combien ils sont coupables ! ils savaient mieux que nous que ces
milliers de corsaires dont on faisait un
épouvantail, et qu'on disait devoir être
armés dans les ports d'une puissance voisine
et être mis en mer aussitôt après le commencement des hostilités, n'étaient que des

nouvelles forgées dans les ateliers de certains journaux ; journaux qui n'ont fait et ne font encore d'autre emploi du talent de leurs écrivains, que celui de tromper l'opinion publique, en abusant de la crédulité de leurs lecteurs.

C'est d'après ce narré fidèle de la conduite de l'opposition et de la faction qui se pare du titre *d'amis de la constitution*, que les électeurs jugeront si c'est parmi ses candidats qu'ils devront fixer leur choix ? Je sais bien qu'on leur répétera ce qu'on a déjà dit tant de fois, que l'opposition est de l'essence du gouvernement représentatif. Oui, certes, il en faut une: mais une opposition amie du trône, et qui en défendant les intérêts de la légitimité, soutienne également ceux du peuple. Il faut une opposition qui éclaire la nation et non qui la trompe. Il faut une opposition qui reconnaisse franchement notre forme de gouvernement, qui admette le principe de l'hérédité au trône dans la famille des Bourbons, comme base essentielle du repos et de la stabilité de notre belle France.

Il n'en faut point une qui fasse cause commune avec les prôneurs de Napoléon II, qui présente à tous les conjurés des chefs de révolte et des tribuns factieux. Il n'en faut pas une qui soit constamment l'effroi des amis de l'ordre, et constamment hostile et menaçante envers le gouvernement.

Si j'ai pris la plume dans l'intention de servir mon pays, en éclairant les électeurs sur leurs véritables intérêts, ce n'est pas que je redoute, pour la cause royale, le résultat des élections prochaines : il sera conformé à leurs intentions généreuses; et si la France était encore condamnée à voir siéger parmi ses députés les éternels ennemis de son bonheur, ils seront en si petit nombre qu'ils ne pourront être à craindre. J'ai un garant certain du bon esprit qui animera les électeurs dans celui qui a dirigé notre brave et brillante armée. Elle a répondu aux suggestions perfides qu'on a voulu lui inspirer, par le mépris et une fidélité à toute épreuve, par de hauts faits d'armes qui feront époque dans l'histoire ; et ces jeunes soldats ont

prouvé qu'ils étaient en courage et en intré-
pidité les émules des vieux guerriers qui
marchaient dans leurs rangs. Vous agirez de
même, électeurs français! vous repousserez
les conseils perfides des soi-disant organes
de l'opinion publique, en écartant des rangs
de la candidature, ceux qui vous sont con-
nus comme les soutiens de la faction parricide, dont j'ai dévoilé pour la vingtième
fois les coupables projets.

On voudra vous prouver que les Royalistes, amis de la religion et du trône, sont
les ennemis de vos libertés; vous ne les
croirez pas, en pensant qu'ils ont, ainsi que
l'armée, pour guide, ce prince magnanime
qui vient de jeter un nouveau lustre sur
l'antique race de nos Rois. Ce prince, l'idole
de l'armée, par sa sagesse, son sang-froid et
son exemple aux affaires les plus périlleuses;
ce prince qui commande en ce moment l'admiration de l'Europe, et contre lequel la
calomnie est venue briser ses traits empoi-
sonnés! Electeurs, si vous aviez encore
quelque incertitude dans vos choix, n'ayez

qu'une seule pensée; songez que ce prince
vous voit et vous regarde, et qu'il s'est déclaré le protecteur des libertés publiques;
demandez-vous, avant de donner votre bul-
letin, s'il ferait les mêmes choix? Nul doute
qu'alors il ne sorte de votre plume que des
noms qui lui soient agréables et à son auguste famille; et certain, comme je le suis,
que cette idée vous préocuppera, je pro-
clame avec confiance Monseigneur le duc
d'Angoulême le Grand Electeur de 1823 (1).

POST SCRIPTUM.

Au moment où cet opuscule allait être
mis sous presse, la France vient d'apprendre
l'heureuse délivrance du roi d'Espagne, et
l'entrée de nos troupes dans Cadix. Ainsi

(1) On doit se rappeler qu'à l'époque de la naissance de Monseigneur le duc de Bordeaux, ce prince
fut surnommé *le Grand Electeur de* 1820. C'est ce
qui m'a suggéré cette idée.

donc toutes les espérances des bons Français sont réalisées.

Electeurs! je vous ai fait connaître les ennemis de votre repos ; je vous ai dévoilé les moyens dont ils se sont servis pour paralyser la gloire du prince magnanime qui vient de couronner son ouvrage par deux belles actions, et qui chaque jour acquiert des droits à votre reconnaissance et à votre amour. La révolution est aux abois : vous lui porterez le dernier coup de massue en écartant de vos choix ses sicaires, et en les réunissant sur quelques-uns de ces valeureux compagnons d'armes, qui ont partagé les travaux et les dangers de leur généralissime et lui ont frayé le chemin de l'immortalité.

Imprimerie de Carpentier-Méricourt, rue de Grenelle-Saint-Honoré, n. 59.

www.ingramcontent.com/pod-product-compliance
Lightning Source LLC
Chambersburg PA
CBHW071237200326
41521CB00009B/1509